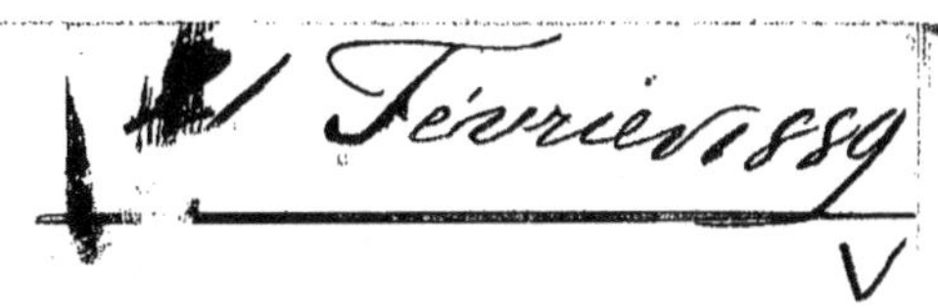

VENTE DU JEUDI 21 FÉVRIER 1889

HÔTEL DROUOT, SALLE N° 8

MEUBLES

EN BOIS SCULPTÉ

Grès, Faïences, Bronzes italiens

FERS, ÉTAINS, CUIVRES

Sculptures en bois — Cadres

EXPOSITION PUBLIQUE

LE MERCREDI 20 FÉVRIER 1889

DE UNE HEURE A CINQ HEURES

Me Paul CHEVALLIER	**M. Ch. MANNHEIM**
COMMISSAIRE-PRISEUR	EXPERT
10, rue Grange-Batelière, 10	7, rue Saint-Georges, 7

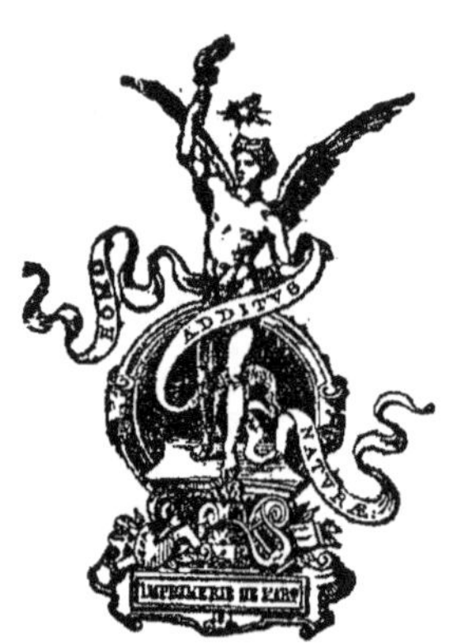

HOMO
ADDITVS
NATVRÆ
IMPRIMERIE DE PARIS

CATALOGUE

DES

MEUBLES

EN BOIS SCULPTÉ

Stalles Renaissance
Coffres et nombreux Meubles composés de panneaux gothiques

Armoires flamandes. Cadres

Grand Lit Louis XVI à colonnes, Sièges du XVIIIᵉ siècle

GRÈS ÉMAILLÉS, FAIENCES

BRONZES ITALIENS

Fers, Étains, Cuivres, etc.

SCULPTURES EN BOIS

DES XVᵉ ET XVIᵉ SIÈCLES

Statuettes, Bas-reliefs, Appliques, Objets variés

DONT LA VENTE AURA LIEU

HOTEL DROUOT, SALLE Nº 8

Le Jeudi 21 Février 1889

A DEUX HEURES

Mᵉ PAUL CHEVALLIER	**M. CHARLES MANNHEIM**
COMMISSAIRE-PRISEUR	EXPERT
10, rue Grange-Batelière, 10.	7, rue Saint-Georges, 7.

EXPOSITION PUBLIQUE

Le Mercredi 20 Février 1889, de 1 heure à 5 heures

CONDITIONS DE LA VENTE

Elle sera faite au comptant.

Les acquéreurs payeront, en sus des adjudications, *cinq pour cent* applicables aux frais.

L'exposition mettant le public à même de se rendre compte de l'état des objets, il ne sera admis aucune réclamation une fois l'adjudication prononcée.

Paris. — Imp. de l'Art, E. Ménard et Cⁱᵉ, 41, rue de la Victoire.

DÉSIGNATION DES OBJETS

GRÈS, FAIENCES, PORCELAINES

1 — GRÈS ALLEMAND DU XVIe SIÈCLE. Cruche en grès gris gravé, gaufré et relevé d'émail bleu ; des blasons sous des arceaux décorent le milieu du vase.

2 — Autre en grès gris relevé d'émail bleu ; des sujets à figures occupent l'arcature qui décore la panse.

3 — Petite cruche en grès allemand gaufré en relief et relevé d'émail bleu; la frise de la panse représente des scènes villageoises avec des inscriptions. Couvercle en étain,

4 — Autre, relevée d'émail bleu; huit sujets à figures en costume du XVIe siècle occupent les arcades de la frise médiane.

5 — Deux grosses cruches ovoïdes en grès à armoiries et rosaces, l'une rehaussée d'émail bleu, l'autre de bleu et de brun.

6 — Petit vase à quatre faces présentant des armoiries gaufrées en relief et se détachant sur un fond d'émail bleu. XVIIᵉ siècle.

7 — Petite cruche à panse ovoïde à médaillons d'oiseaux, fleurettes et montants feuillagés gaufrés en relief, et rehaussée d'émail bleu.

8 — Autre, à panse sphérique avec armes de l'Empire encadrées d'ornements d'émail bleu. Couvercle en argent.

9 — Trois canettes cylindriques en grès relevé d'émaux de couleur, l'une à couvercle d'étain.

10 — Cruche en grès rouge décorée de branchages en relief émaillés brun. Monture en étain.

11 — Rouen. Bannette longue et à angles coupés à décor polychrome : au fond une corbeille fleurie ; au bord des cartouches quadrillés, des pentes et des guirlandes de fleurs.

12 — ROUEN. Bannette à bords contournés, décor polychrome, rocailles, oiseaux, œillets.

13 — NEVERS. Aiguière à anse en torsade, fond bleu d'empois, décor à fleurs en bleu et bistre.

14 — Deux tasses trembleuses variées en porcelaine à la Reine, à décor de fleurs polychrome et doré.

15 — Deux salières doubles à décor d'oiseaux, surmontées chacune d'une figurine d'enfants. Porcelaine de Berlin.

16 — Deux tasses trembleuses avec soucoupes à galeries en porcelaine d'Allemagne, gaufrée à décor de cavaliers en couleur.

17 — Deux tasses lobées et une salière double, à décor d'oiseaux, en Saxe.

18 — Grosse tasse couverte et sa soucoupe en porcelaine de l'Inde, décor à figures.

19 — Écuelle couverte en Japon, décorée en bleu.

BRONZES D'ART

20 — Encrier rond et surbaissé à mascarons et draperies, supporté par trois cariatides de femmes à gaines se terminant en griffes de lion. xvie siècle.

21-22 — Trois encriers ronds en bronze italien, à couvercles surmontés de statuettes.

23 — Encrier en forme de sphère posée sur l'épaule d'un Atlante à genoux.

24 — Deux amortissements en bronze italien formés de têtes de négrillons surmontant un demi-balustre décoré de feuillages.

25 — Six petits bronzes, statuette, sirène, cariatide, oiseau, manche de couteau, buste.

26 — Heurtoir en bronze italien, composé d'une statuette de Neptune entre deux hippocampes. Style du xvie siècle.

27 — Heurtoir en bronze italien décoré d'un buste

d'homme soutenu par deux génies qui s'appuient sur des rinceaux.

28 — Grand mortier en métal de cloche à pourtour orné, portant des initiales et la date 1707.

29 à 31 — Trois mortiers garnis d'anses et à pourtours ornés, de diverses époques.

32 — Encrier triangulaire en bronze de la Renaissance; le couvercle est surmonté d'un triton et les pieds à griffes de lion se posent sur des chimères soutenues par des consoles, aux trois angles du socle.

33 — Statuette d'Apollon, bronze italien du XVIe siècle, provenant d'un chenet.

34 — BRONZE. Statuette d'homme courant coiffé d'un bonnet phrygien, vêtu d'une cuirasse papelonnée et d'une peau de bête, bronze à patine vert antique, sur piédestal carré en marbre blanc.

35 — Fragment de figurine antique en bronze, coiffée d'un casque à grande crête

36 — Statuette de la Vierge en bronze du xviie siècle, placée sur un socle de bois noir offrant sur
la face un cadran de montre en argent gravé.

37 — Croix processionnelle en bronze gravé et doré;
les extrémités des branches lobées portent les
symboles des Évangélistes et des pierres de cou-
leurs enchâssées.

38 — Christ en bronze doré du xvie siècle.

39 — Deux bustes en bronze de l'époque Louis XVI :
Voltaire et Rousseau, élevés sur fûts de marbre
blanc.

40 — Deux flambeaux de bronze à tiges torses et à
pieds ornés de médaillons-bustes et de fruits.
Style Louis XIII.

41 — Lampe de forme antique en bronze, le dessus
offrant un mascaron en relief ; tige balustre sur
pied circulaire.

42 — Deux flambeaux de style Renaissance à douil-
les godronnées et supportés par des statuettes
de baigneuses agenouillées en bronze patiné.

43 — Flambeau à tige figurée par une statuette de femme égyptienne en bronze patiné.

44 — Trois pièces : une lampe de suspension et deux petites lampes-appliques en cuivre.

45 — Plat gothique en cuivre gravé et repoussé à godrons et inscriptions.

46 — Crucifix gréco-russe en bronze ; le revers est couvert de fleurs arabesques finement gravées.

47 — Lot de mouchettes et cuillères anciennes, pinces, poignard, etc.

FERS, ÉTAINS

48 à 50 — Trois grandes serrures, du XVIIe siècle, en fer ouvré, munies de leurs clefs et décorées de gravures.

51 — Trois clefs anciennes à têtes formées de rosaces repercées à jour.

52 — Deux paires de ciseaux ouvragées, l'une incrustée d'argent.

*

53 — Quatre cachets d'armoiries, gravés en creux, trois en acier, le quatrième en cuivre.

54 — ÉTAIN Écuelle à oreilles ajourées et à couvercle plat orné de bustes, de chiffres et d'une rosace armoriée, timbrée d'une couronne royale et portant en exergue la devise : *Honni soit qui mal y pense*. Trois lions assis en ronde bosse surmontent le couvercle. XVIIe siècle.

55 — ÉTAIN. Deux écuelles couvertes, du XVIIe siècle.

56 — ÉTAIN. Assiette à médaillon central : Guillaume Tell abattant la pomme, et à marli décoré des armoiries des cantons suisses. XVIIe siècle.

57 — Assiette en étain ; au centre, la Résurrection ; au marli, les figures des douze Apôtres. XVIIe siècle.

58 — Deux assiettes en étain, l'une à sujets de l'Ancien Testament, l'autre à figures équestres de princes allemands. XVIIe siècle.

59 — Assiette à bord festonné ; au centre, médaillon

à figures ; au marli, les armoiries des cantons.
Style du xviie siècle.

60 — Plat en étain gravé, à médaillon central et armoiries rapportées au marli.

OBJETS VARIÉS

61 — Triptyque peint à l'huile, de l'école flamande
de la fin du xvie siècle ; au centre, la déposition
de la croix ; sur les volets, deux portraits de
femmes en costume de religieuses.

62 — Croix peinte sur fond gravé et doré, offrant
au centre le Christ en croix et aux extrémités,
qui sont lobées, les figures des évangélistes.
École de Sienne du xive siècle.

63 — Deux plats ronds en albâtre, décorés de pein-
tures à l'huile, figures orientales et festons de
roses. Époque Louis XV.

64 — Petit rouet Louis XV, en bronze à rocailles,
dauphins et couronne.

65 — Coffret Renaissance à couvercle bombé, muni d'une poignée en fer ouvré, à décor de cuirs, de palmettes, de draperies et de rinceaux.

66 — Coffret revêtu de cuir ciselé et à fermoir en fer gravé.

67 — Autre rectangulaire en fer peint, du XVIIe siècle.

68 — Petit coffret rectangulaire, en bronze finement gravé à banderoles, portant des devises sur fond couvert de feuilles de chêne ; les côtés sont armoriés. XVIe siècle.

SCULPTURES

69 — Haut-relief en bois sculpté, peint et doré ; cavalier, sainte femme agenouillée et groupes de figures avec ville fortifiée dans l'éloignement. XVe siècle.

70 — BOIS SCULPTÉ. Bas-relief sans fond : la Mise au tombeau. XVe siècle.

71 — Bois sculpté. Bas-relief divisé en deux registres : en haut, des cavaliers ; en bas, sept personnages.

72 — Bois sculpté et peint avec rehauts d'or · David et Bethsabée. xviie siècle.

73 — Haut-relief en bois sculpté et doré, divisé en deux registres, à nombreux personnages en costume du xvie siècle.

74 à 85 — Trente bas-reliefs et statuettes en bois sculpté, peint et doré, des xve, xvie et xviie siècles.

86 à 88 — Trois statuettes : Figures religieuses, en bois sculpté.

89 — Marbre blanc. Bas-relief rectangulaire : Groupe des Saintes Femmes et des Apôtres. École florentine du xvie siècle.

90 — Terre cuite. Bas-relief cintré, par *Ramey :* la Sagesse et deux génies tenant des couronnes.

91 — Terre cuite. Buste de femme sur piédestal en marbre noir.

MEUBLES SCULPTÉS

92 — Stalle Renaissance à panneaux sculptés ; dossier représentant deux galeries en perspective, encadrées de pilastres ; accoudoirs à volutes portées par des balustres.

93 — Stalle gothique, panneau de dossier à fenestrage surmontés de meneaux lobés ; panneaux du bas à serviettes repliées.

94 — Stalle du XVII* siècle : dossier à entrelacs et pilastres, terminé par un fronton contenant un buste de moine en bas-relief.

95 — Stalle Renaissance, panneaux à serviettes repliées.

96 — Meuble composé d'un coffre ouvrant à deux portes sculptees en bas-relief, séparées par un montant à fenestrage gothique, et d'un corps supérieur à trois portes ogivales découpées à jour.

97 — Petit entredeux à porte formée d'un grand

panneau gothique à décor flamboyant, en partie découpé à jour ; contreforts d'angles de style gothique.

98 — Petit meuble à trois corps, composé de panneaux anciens en bois sculpté, cariatides, cavaliers sous des arceaux, figures allégoriques. Le bas est une table à tiroirs, les deux corps supérieurs ouvrent chacun à deux vantaux.

99 — Petit coffre du xviie siècle, à deux portes, décoré de pilastres et de frises sculptés à feuillages et fleurons.

100 — Table du xviie siècle, en noyer, à pied et entretoise composés de balustres tournés et à pans.

101 — Table sculptée, à pieds tors.

102 — Coffre ouvrant à deux portes formées de panneaux gothiques à fenestrages en ogive ; il est cantonné de colonnettes et surmonté d'une étagère à double tablette de même style.

103 — Coffre du xvie siècle, ouvrant à deux van-

taux et offrant sur la face quatre panneaux en hauteur sculptés, à médaillons-bustes, dauphins, oiseaux et vase.

104 — Coffre du xvᵉ siècle, ouvrant à deux panneaux, fenestrages gothiques, séparés par un montant aux armes de France.

105 — Petit coffre ouvrant à deux portes gothiques découpées à jour et séparées par un montant sculpté représentant Adam et Ève.

106 — Petit coffre à deux vantaux en bois de chêne sculpté, de style gothique.

107 — Coffre à façade composée de quatre panneaux de la Renaissance, à médaillons-bustes et feuillages.

108 — Meuble à deux corps, composé de panneaux à fenestrages gothiques ; le corps inférieur est élevé sur socle à pieds droits et serviettes ; le haut, en retrait, ouvre à quatre portes.

109-110 — Deux tables en bois sculpté, de style gothique.

111 — Petit meuble ou coffre, à quatre vantaux, fenestrages gothiques, cantonné de colonnettes.

112 — Coffre élevé sur pieds droits, composés de panneaux à fenestrages gothiques, séparés par des contreforts.

113 — Petit coffre à deux vantaux, en chêne sculpté, avec pentures et ferrures.

114 — Grande armoire flamande, en chêne, à montants décorés de feuillages sculptés. XVIIIe siècle.

115 à 118 — Quatre armoires flamandes en chêne, à colonnes cannelées et portes décorées de perspectives architecturales en bas-relief.

119 — Devant de coffre italien, bois sculpté et doré à figures d'anges. XVIIe siècle.

120 — Devant de coffre en marqueterie de bois, à armoirie, chimères, animaux et rinceaux.

121 — Plusieurs panneaux et devants de coffre.

122 à 124 — Plusieurs cadres ovales, en bois sculpté, à fleurs et feuilles.

125 — Plusieurs cadres sculptés sous ce numéro.

126 — Grand lit à colonnes et baldaquin, en bois sculpté et peint blanc, du temps de Louis XVI, garni d'ancien damas rouge.

127 — Canapé, bergère et six fauteuils, du temps de Louis XVI, à pieds cannelés, en bois peint rouge et recouverts en velours jaune d'Utrecht.

128 — Canapé et six chaises en bois noir, couverts en cuir.

129 — Canapé, deux confortables et deux chaises, recouverts en cuir capitonné.

130 — Meuble de salon Louis XV, peint blanc et couvert en cretonne rouge, un canapé et six fauteuils.

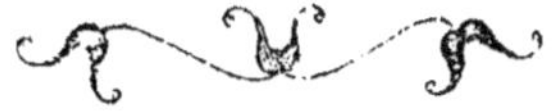

www.ingramcontent.com/pod-product-compliance
Lightning Source LLC
LaVergne TN
LVHW011007180726
843502LV00007B/2387